FIND THE VALUE OF X

Determining Variables

Math Book Algebra Grade 6

Children's Math Books

BABY PROFESSOR

EDUCATION KIDS

Speedy Publishing LLC

40 E. Main St. #1156

Newark, DE 19711

www.speedypublishing.com

Copyright 2017

Find the Value of X.

(1) $-16 = -8x$

(2) $-50 = -5 - x$

(3) $8x - 3x - 5 = 10$

(4) $-30 = -10 - x$

(5) $42 = 3x$

(6) $-14 = -7x$

(7) $37 = -6 + x$

(8) $29 = 6 + x$

(9) $22 = -10 + x$

(10) $5 - x = -41$

Find the Value of X.

(1) $-10 - x = -21$

(2) $2x = 16$

(3) $3 - 4x = -17$

(4) $-8x + 10 = -7x + 2$

(5) $-3x + 2x = -6$

(6) $4x - 3x - 3 = 2$

(7) $10 + 7x = 8x - 6$

(8) $-5 = 7x - 8x$

(9) $-4 + x = 44$

(10) $-39 = -5 - x$

(1) $2 + x = 47$

(2) $9x - 6x - 9 = 6$

(3) $-3 + x = 46$

(4) $33 = -5 + x$

(5) $28 = 7 + x$

(6) $18 = 9 + x$

(7) $-21 = -7x$

(8) $-2 - x = -12$

(9) $3 - x = -26$

(10) $-10 - x = -35$

Find the Value of X.

(1) $-2 + x = 37$

(6) $3x + 6 = 15$

(2) $-4 - 2x = -10$

(7) $-4x + 9 + 3x = -3$

(3) $-30 = 3 - x$

(8) $48 = -10 + x$

(4) $-9 + x = 44$

(9) $-7x + 3 + 6x = -6$

(5) $-27 = -9x$

(10) $-5x = -10$

Find the Value of X.

(1) $14 = 8 + 3x$

(2) $-7x + 4x = -6$

(3) $6 = -6x + 7x$

(4) $-9 - x = -43$

(5) $-9x = -18$

(6) $-2 + x = 33$

(7) $-18 = -5 - x$

(8) $-5 + 2x = 17$

(9) $9 + x = 32$

(10) $29 = -4 + x$

Find the Value of X.

(1) $28 = 8 + x$

(6) $-8 + x = 47$

(2) $-10x + 2x + 8 = -8$

(7) $9 = -5x + 8x$

(3) $-11 = 5 - 4x$

(8) $2 + x = 16$

(4) $-10 = 6x - 7x$

(9) $27 = 6 + x$

(5) $-33 = 8 - x$

(10) $15 = -4 + x$

Find the Value of X.

(1) $-31 = 10 - x$

(6) $-9 + x = 21$

(2) $-5 = -5(-9 + 2x)$

(7) $7x - 6x - 7 = 9$

(3) $5 = -7x + 9 + 5x$

(8) $2 + x = 21$

(4) $3x = 15$

(9) $9 = -2x + 3x$

(5) $-6x = -12$

(10) $-17 = -6 - x$

Find the Value of X.

(1) $-2 + x = 18$

(6) $16 = -4 + 10x$

(2) $-9 = 5 - 3x - 4x$

(7) $-27 = -9x$

(3) $-10 = 9 - x$

(8) $-20 = 8 - 7x$

(4) $10x = 40$

(9) $5 + x = 38$

(5) $7 - x = -37$

(10) $-17 = -2 - x$

Find the Value of X.

(1) $-9 + x = 32$

(2) $-17 = -2 - 3x$

(3) $7 + x = 22$

(4) $50 = 10x$

(5) $-8x + 9 + 7x = -8$

(6) $-50 = 5 - x$

(7) $-16 = 9 - 5x$

(8) $-10 - x = -17$

(9) $16 = -9 + x$

(10) $6x = 36$

(1) $\quad 47 = 3 + x$

(6) $\quad -27 = -10 - x$

(2) $\quad -5 = 4x - 3x - 7$

(7) $\quad 47 = -10 + x$

(3) $\quad -5 + x = 40$

(8) $\quad 3 - x = -37$

(4) $\quad -48 = -2x$

(9) $\quad -10 - x = -21$

(5) $\quad 9x - 8 - 8x = 7$

(10) $\quad -10 = 7 - x$

Find the Value of X.

(1) $16 = -5 + 3x$

(2) $49 = -3 + x$

(3) $14 = -10 + x$

(4) $-50 = -2x$

(5) $10 - x = -40$

(6) $-4x = -12$

(7) $-38 = 7 - x$

(8) $-2x = -38$

(9) $32 = 2x$

(10) $-2 + x = 27$

Find the Value of X.

(1) $$27 = 3x$$

(6) $$10 = -6 + 2x$$

(2) $$14 = 2 + x$$

(7) $$6 = -9 + 2x + 3x$$

(3) $$-15 = -5x$$

(8) $$-10 = 2x - 4x$$

(4) $$26 = -9 + x$$

(9) $$-35 = 9 - x$$

(5) $$-3 = 9x - 8x - 7$$

(10) $$3 - x = -27$$

Find the Value of X.

(1) $-7x + 5 + 3x = -7$

(2) $-3x = -36$

(3) $3 = -10x + 8 + 9x$

(4) $4x = 16$

(5) $-5x + 4x + 5 = -6$

(6) $-5 + x = 36$

(7) $-25 = -3 - x$

(8) $9 + x = 46$

(9) $-48 = -4x$

(10) $42 = -7 + x$

(1) $$-9 + x = 22$$

(6) $$6 + x = 22$$

(2) $$16 = -2 + 6x$$

(7) $$-8 + 2x = 16$$

(3) $$18 = -8 + x$$

(8) $$34 = 7 + x$$

(4) $$6 = -5x + 6x + 2$$

(9) $$-5x + 10 + 4x = -4$$

(5) $$-43 = -3 - x$$

(10) $$9 - 3x = -12$$

Find the Value of X.

(1) $-26 = -10 - x$

(2) $5 - x = -12$

(3) $-4 - x = -28$

(4) $17 = 5 + x$

(5) $10 = -8 + x$

(6) $25 = -8 + x$

(7) $-30 = -5x$

(8) $5x + 5 = 15$

(9) $8x - 5x - 2 = 7$

(10) $20 = 2x$

(1) $9 = 3(-7 + 2x)$

(2) $-15 = -6 - x$

(3) $50 = 2 + x$

(4) $17 = -9 + x$

(5) $16 = 4x$

(6) $6 + x = 41$

(7) $-8 + x = 10$

(8) $-4 + x = 15$

(9) $-5x = -35$

(10) $-6 = -3(4x - 10)$

Find the Value of X.

(1) $-2 + x = 31$

(2) $2 - 8x = -14$

(3) $50 = -9 + x$

(4) $4 - x = -38$

(5) $-6 - x = -31$

(6) $30 = -4 + x$

(7) $-21 = -3 - x$

(8) $3x - 4 = 11$

(9) $6 + x = 13$

(10) $10 + 4x = 18$

Find the Value of X.

(1) $4x - 2x = 8$

(2) $-18 = 6 - x$

(3) $9 + x = 20$

(4) $5 - x = -13$

(5) $-7 - x = -21$

(6) $-20 = -5x$

(7) $36 = -3 + x$

(8) $4 - 4x = -16$

(9) $-10 = 5x - 10x$

(10) $-10x + 10 + 6x = -6$

Find the Value of X.

(1) $18 = -9 + 9x$

(2) $6 + x = 34$

(3) $-4 - x = -50$

(4) $35 = -6 + x$

(5) $20 = 2 + x$

(6) $-23 = -5 - x$

(7) $-10 + x = 14$

(8) $31 = 3 + x$

(9) $-26 = -10 - x$

(10) $20 = -3 + x$

(1) $8 - 2x = -20$

(2) $-11 = -4 - x$

(3) $7 + x = 16$

(4) $8 + x = 43$

(5) $-9 - 3x = -18$

(6) $8 - x = -17$

(7) $-10 + 2x = 18$

(8) $-42 = -6x$

(9) $6 - x = -25$

(10) $-45 = -3 - x$

(1) $33 = -2 + x$

(2) $-38 = -7 - x$

(3) $-7 + x = 13$

(4) $17 = -8 + 5x$

(5) $9 + x = 33$

(6) $-14 = 7 - 7x$

(7) $-2 + x = 36$

(8) $3 - 3x = -12$

(9) $3x = 30$

(10) $3x + 9 = 18$

Find the Value of X.

(1) $20 = -4 + 2x$

(2) $-8 + x = 48$

(3) $-31 = 5 - x$

(4) $-2 - x = -43$

(5) $-17 = -7 - 2x$

(6) $9 - x = -26$

(7) $13 = -3 + x$

(8) $-24 = -3x$

(9) $2x = 22$

(10) $10 + x = 21$

(1) $-10 - x = -13$

(2) $-43 = -7 - x$

(3) $3 - x = -41$

(4) $-5 - x = -24$

(5) $-26 = 7 - x$

(6) $9 = 3(4x - 5)$

(7) $17 = -7 + 3x$

(8) $-18 = 2 - 2x$

(9) $24 = -7 + x$

(10) $-20 = -8 - 2x$

(1) $-18 = 9 - x$

(6) $14 = 6 + x$

(2) $18 = -3 + 7x$

(7) $2 - 3x = -16$

(3) $20 = 2x$

(8) $18 = -2 + 10x$

(4) $-14 = 10 - x$

(9) $7 - x = -24$

(5) $2 + x = 34$

(10) $-4 + x = 26$

(1) $45 = -6 + x$

(2) $3x - 4 = 20$

(3) $-6 + 10x = 14$

(4) $3 - x = -35$

(5) $-17 = 9 - 2x$

(6) $9 + x = 41$

(7) $26 = 3 + x$

(8) $-6 = -3(4x - 6)$

(9) $-8 + x = 42$

(10) $8x = 48$

(1) $-42 = -8 - x$

(2) $24 = 9 + x$

(3) $-7 - x = -46$

(4) $9 - 2x = -13$

(5) $-19 = 4 - x$

(6) $-7 + x = 31$

(7) $-10x = -40$

(8) $30 = 10x$

(9) $10 - x = -42$

(10) $-4 + x = 31$

Find the Value of X.

(1) $4x - 6 = 18$

(2) $-29 = -4 - x$

(3) $22 = -3 + x$

(4) $8 + 3x = 20$

(5) $-3 - x = -49$

(6) $42 = 3x$

(7) $-40 = -4x$

(8) $12 = 6 + x$

(9) $10x - 10 = 10$

(10) $20 = -7 + 9x$

Find the Value of X.

(1) $10 + x = 32$

(2) $3 - 3x = -18$

(3) $15 = -10 + 5x$

(4) $-19 = 3 - x$

(5) $-4x = -44$

(6) $16 = 2 + 2x$

(7) $26 = -2 + x$

(8) $36 = 9x$

(9) $8 = -4(4 - 2x)$

(10) $5x = 30$

(1) $\quad -29 = -5 - x$

(2) $\quad -4 + 3x = 17$

(3) $\quad 19 = 2 + x$

(4) $\quad 2x = 18$

(5) $\quad 17 = 5 + 2x$

(6) $\quad -7 + x = 36$

(7) $\quad -20 = 2 - x$

(8) $\quad 10 + x = 20$

(9) $\quad -10 - 3x = -19$

(10) $\quad 9 - x = -18$

(1) $20 = -7 + x$

(6) $-28 = -9 - x$

(2) $17 = 9 + 4x$

(7) $-14 = 6 - 5x$

(3) $20 = 10 + 5x$

(8) $12 = 3x$

(4) $-10 + x = 17$

(9) $-3 - x = -29$

(5) $-5 - 4x = -13$

(10) $5 - 6x = -19$

(1) $18 = 2x$

(6) $21 = 2 + x$

(2) $-11 = -6 - x$

(7) $12 = -7 + x$

(3) $-3x = -15$

(8) $-4 + x = 47$

(4) $-2 - x = -36$

(9) $-10 + x = 12$

(5) $-38 = -5 - x$

(10) $10 - x = -20$

Find the Value of X.

(1)　　$-5(-10 + 2x) = -10$

(2)　　$2x - 2 = 12$

(3)　　$27 = -2 + x$

(4)　　$19 = 9 + x$

(5)　　$3x = 21$

(6)　　$-47 = 3 - x$

(7)　　$17 = 9 + 4x$

(8)　　$-32 = -10 - x$

(9)　　$-3 + x = 37$

(10)　　$49 = -8 + x$

Find the Value of X.

(1) $-17 = 5 - x$

(2) $8 - 2x = -14$

(3) $18 = 3x$

(4) $3(5x - 8) = 6$

(5) $33 = 7 + x$

(6) $2 - 5x = -13$

(7) $-3 + x = 42$

(8) $25 = -2 + x$

(9) $-34 = 8 - x$

(10) $-2x = -26$

(1) $\quad 29 = -2 + x$

(2) $\quad 26 = 8 + x$

(3) $\quad 15 = 3x$

(4) $\quad 13 = -7 + 4x$

(5) $\quad -5 + x = 43$

(6) $\quad 9 - x = -17$

(7) $\quad 18 = -6 + 8x$

(8) $\quad 32 = 7 + x$

(9) $\quad -18 = -3x$

(10) $\quad -20 = 2 - x$

(1) $-8 + 4x = 12$

(2) $25 = 7 + x$

(3) $-5 + x = 44$

(4) $11 = -4 + 5x$

(5) $3x + 3 = 12$

(6) $-14 = 10 - x$

(7) $-13 = -3 - x$

(8) $-2 + x = 44$

(9) $-8 - x = -24$

(10) $19 = 5 + 7x$

(1) $8 + x = 20$

(6) $-8 - x = -17$

(2) $6 + 2x = 14$

(7) $-49 = 5 - x$

(3) $-6 + 8x = 18$

(8) $34 = 6 + x$

(4) $6 - x = -23$

(9) $-19 = -7 - 2x$

(5) $-12 = -3 - x$

(10) $15 = -4 + x$

(1) $10 = 2(-10 + 5x)$

(2) $-5 - 5x = -20$

(3) $-6 + 2x = 12$

(4) $10 = -6 + x$

(5) $10 - x = -40$

(6) $-5 - x = -36$

(7) $28 = 8 + x$

(8) $-8 + x = 29$

(9) $2 + x = 29$

(10) $-3 + x = 29$

Find the Value of X.

(1) $4 + 2x = 14$

(2) $-22 = -10 - x$

(3) $4 + x = 16$

(4) $-49 = 7 - x$

(5) $-11 = -2 - 3x$

(6) $10 - x = -34$

(7) $-36 = -2x$

(8) $-14 = 4 - 3x$

(9) $-5 - x = -24$

(10) $5 - x = -30$

(1) $9 = -9(-4x + 7)$

(2) $-4x = -24$

(3) $-11 = 9 - 5x$

(4) $20 = -7 + 3x$

(5) $-47 = -6 - x$

(6) $-7(3 - 2x) = 7$

(7) $-4 - x = -34$

(8) $9 - 9x = -18$

(9) $-8 - 4x = -16$

(10) $2 - x = -24$

Find the Value of X.

(1) $5 + 2x = 13$

(2) $-2(-10 + 5x) = -10$

(3) $6x = 12$

(4) $9 - x = -12$

(5) $35 = 10 + x$

(6) $-9 - x = -15$

(7) $-45 = 7 - x$

(8) $-16 = 8 - 8x$

(9) $-4 - x = -48$

(10) $35 = -6 + x$

Find the Value of X.

(1) $-5 + 5x = 10$

(2) $4 + x = 19$

(3) $-36 = -3x$

(4) $-35 = 6 - x$

(5) $-16 = -8 - 4x$

(6) $-3 + 10x = 17$

(7) $19 = 3 + x$

(8) $-9 = -3(-3 + 3x)$

(9) $-14 = 2 - 4x$

(10) $25 = 5x$

(1) $-21 = -6 - x$

(6) $28 = 2 + x$

(2) $-5 - 2x = -19$

(7) $3 - x = -29$

(3) $-2 - x = -17$

(8) $34 = -8 + x$

(4) $-15 = -5 - 2x$

(9) $2 + 2x = 14$

(5) $8 + x = 20$

(10) $-10 = -4 - 3x$

Find the Value of X.

(1) $-2 + x = 45$

(2) $-16 = -9 - x$

(3) $42 = -2 + x$

(4) $30 = 2 + x$

(5) $4 - x = -33$

(6) $2x = 26$

(7) $15 = 3 + 4x$

(8) $-39 = 7 - x$

(9) $16 = -4 + 5x$

(10) $-3 - x = -22$

Find the Value of X.

EXERCISE NO. **44**

(1) $39 = 8 + x$

(2) $-18 = 10 - 4x$

(3) $9x - 6 - 8x = 7$

(4) $45 = -2 + x$

(5) $-10 = 2 - x$

(6) $2 - x = -47$

(7) $-10 + x = 20$

(8) $-2 - x = -40$

(9) $-50 = 8 - x$

(10) $-2 - 6x = -20$

Find the Value of X.

(1) $\quad -2 - 2x = -10$

(2) $\quad 3x = 15$

(3) $\quad 7 + x = 43$

(4) $\quad 3 = -8x + 7x + 6$

(5) $\quad -40 = -8x$

(6) $\quad -38 = -9 - x$

(7) $\quad -6 - x = -37$

(8) $\quad 6 + x = 27$

(9) $\quad 33 = -6 + x$

(10) $\quad 17 = 3 + x$

Find the Value of X.

(1) $-4 - x = -35$

(2) $-12 = 4 - 8x$

(3) $-27 = -2 - x$

(4) $4 - 3x = -11$

(5) $-7 - x = -27$

(6) $-3 - 7x = -17$

(7) $4 + x = 35$

(8) $-10 = -2 - 4x$

(9) $2x = 46$

(10) $-6 + 8x = 18$

ANSWERS

EXERCISE NO. 1

(1) $x = 2$

(2) $x = 45$

(3) $x = 3$

(4) $x = 20$

(5) $x = 14$

(6) $x = 2$

(7) $x = 43$

(8) $x = 23$

(9) $x = 32$

(10) $x = 46$

EXERCISE NO. 2

(1) $x = 11$

(2) $x = 8$

(3) $x = 5$

(4) $x = 8$

(5) $x = 6$

(6) $x = 5$

(7) $x = 16$

(8) $x = 5$

(9) $x = 48$

(10) $x = 34$

EXERCISE NO. 3

(1) $x = 45$

(2) $x = 5$

(3) $x = 49$

(4) $x = 38$

(5) $x = 21$

(6) $x = 9$

(7) $x = 3$

(8) $x = 10$

(9) $x = 29$

(10) $x = 25$

EXERCISE NO. 4

(1) $x = 39$

(2) $x = 3$

(3) $x = 33$

(4) $x = 53$

(5) $x = 3$

(6) $x = 3$

(7) $x = 12$

(8) $x = 58$

(9) $x = 9$

(10) $x = 2$

EXERCISE NO. 5

(1) $x = 2$

(2) $x = 2$

(3) $x = 6$

(4) $x = 34$

(5) $x = 2$

(6) $x = 35$

(7) $x = 13$

(8) $x = 11$

(9) $x = 23$

(10) $x = 33$

EXERCISE NO. 6

(1) $x = 20$

(2) $x = 2$

(3) $x = 4$

(4) $x = 10$

(5) $x = 41$

(6) $x = 55$

(7) $x = 3$

(8) $x = 14$

(9) $x = 21$

(10) $x = 19$

EXERCISE NO. 7

(1) $x = 41$

(2) $x = 5$

(3) $x = 2$

(4) $x = 5$

(5) $x = 2$

(6) $x = 30$

(7) $x = 16$

(8) $x = 19$

(9) $x = 9$

(10) $x = 11$

EXERCISE NO. 8

(1) $x = 20$

(2) $x = 2$

(3) $x = 19$

(4) $x = 4$

(5) $x = 44$

(6) $x = 2$

(7) $x = 3$

(8) $x = 4$

(9) $x = 33$

(10) $x = 15$

EXERCISE NO. 9

(1) $x = 41$

(2) $x = 5$

(3) $x = 15$

(4) $x = 5$

(5) $x = 17$

(6) $x = 55$

(7) $x = 5$

(8) $x = 7$

(9) $x = 25$

(10) $x = 6$

EXERCISE NO. 10

(1) $x = 44$

(2) $x = 2$

(3) $x = 45$

(4) $x = 24$

(5) $x = 15$

(6) $x = 17$

(7) $x = 57$

(8) $x = 40$

(9) $x = 11$

(10) $x = 17$

EXERCISE NO. II

(1) $x = 7$

(2) $x = 52$

(3) $x = 24$

(4) $x = 25$

(5) $x = 50$

(6) $x = 3$

(7) $x = 45$

(8) $x = 19$

(9) $x = 16$

(10) $x = 29$

EXERCISE NO. 12

(1) $x = 9$

(2) $x = 12$

(3) $x = 3$

(4) $x = 35$

(5) $x = 4$

(6) $x = 8$

(7) $x = 3$

(8) $x = 5$

(9) $x = 44$

(10) $x = 30$

EXERCISE NO. 13

(1) $x = 3$

(2) $x = 12$

(3) $x = 5$

(4) $x = 4$

(5) $x = 11$

(6) $x = 41$

(7) $x = 22$

(8) $x = 37$

(9) $x = 12$

(10) $x = 49$

EXERCISE NO. 14

(1) $x = 31$

(2) $x = 3$

(3) $x = 26$

(4) $x = 4$

(5) $x = 40$

(6) $x = 16$

(7) $x = 12$

(8) $x = 27$

(9) $x = 14$

(10) $x = 7$

EXERCISE NO. 15

(1) $x = 16$

(2) $x = 17$

(3) $x = 24$

(4) $x = 12$

(5) $x = 18$

(6) $x = 33$

(7) $x = 6$

(8) $x = 2$

(9) $x = 3$

(10) $x = 10$

EXERCISE NO. 16

(1) $x = 5$

(2) $x = 9$

(3) $x = 48$

(4) $x = 26$

(5) $x = 4$

(6) $x = 35$

(7) $x = 18$

(8) $x = 19$

(9) $x = 7$

(10) $x = 3$

EXERCISE NO. 17

(1) $x = 33$

(2) $x = 2$

(3) $x = 59$

(4) $x = 42$

(5) $x = 25$

(6) $x = 34$

(7) $x = 18$

(8) $x = 5$

(9) $x = 7$

(10) $x = 2$

EXERCISE NO. 18

(1) $x = 4$

(2) $x = 24$

(3) $x = 11$

(4) $x = 18$

(5) $x = 14$

(6) $x = 4$

(7) $x = 39$

(8) $x = 5$

(9) $x = 2$

(10) $x = 4$

EXERCISE NO. 19

(1) $x = 3$

(2) $x = 28$

(3) $x = 46$

(4) $x = 41$

(5) $x = 18$

(6) $x = 18$

(7) $x = 24$

(8) $x = 28$

(9) $x = 16$

(10) $x = 23$

EXERCISE NO. 20

(1) $x = 14$

(2) $x = 7$

(3) $x = 9$

(4) $x = 35$

(5) $x = 3$

(6) $x = 25$

(7) $x = 14$

(8) $x = 7$

(9) $x = 31$

(10) $x = 42$

EXERCISE NO. 21

(1) $x = 35$

(2) $x = 31$

(3) $x = 20$

(4) $x = 5$

(5) $x = 24$

(6) $x = 3$

(7) $x = 38$

(8) $x = 5$

(9) $x = 10$

(10) $x = 3$

EXERCISE NO. 22

(1) $x = 12$

(2) $x = 56$

(3) $x = 36$

(4) $x = 41$

(5) $x = 5$

(6) $x = 35$

(7) $x = 16$

(8) $x = 8$

(9) $x = 11$

(10) $x = 11$

EXERCISE NO. 23

(1) $x = 3$

(2) $x = 36$

(3) $x = 44$

(4) $x = 19$

(5) $x = 33$

(6) $x = 2$

(7) $x = 8$

(8) $x = 10$

(9) $x = 31$

(10) $x = 6$

EXERCISE NO. 24

(1) $x = 27$

(2) $x = 3$

(3) $x = 10$

(4) $x = 24$

(5) $x = 32$

(6) $x = 8$

(7) $x = 6$

(8) $x = 2$

(9) $x = 31$

(10) $x = 30$

EXERCISE NO. 25

(1) $x = 51$

(2) $x = 8$

(3) $x = 2$

(4) $x = 38$

(5) $x = 13$

(6) $x = 32$

(7) $x = 23$

(8) $x = 2$

(9) $x = 50$

(10) $x = 6$

EXERCISE NO. 26

(1) $x = 34$

(2) $x = 15$

(3) $x = 39$

(4) $x = 11$

(5) $x = 23$

(6) $x = 38$

(7) $x = 4$

(8) $x = 3$

(9) $x = 52$

(10) $x = 35$

EXERCISE NO. 27

(1) $x = 6$

(2) $x = 25$

(3) $x = 25$

(4) $x = 4$

(5) $x = 46$

(6) $x = 14$

(7) $x = 10$

(8) $x = 6$

(9) $x = 2$

(10) $x = 3$

EXERCISE NO. 28

(1) $x = 22$

(2) $x = 7$

(3) $x = 5$

(4) $x = 22$

(5) $x = 11$

(6) $x = 7$

(7) $x = 28$

(8) $x = 4$

(9) $x = 3$

(10) $x = 6$

EXERCISE NO. 29

(1) $x = 24$

(2) $x = 7$

(3) $x = 17$

(4) $x = 9$

(5) $x = 6$

(6) $x = 43$

(7) $x = 22$

(8) $x = 10$

(9) $x = 3$

(10) $x = 27$

EXERCISE NO. 30

(1) $x = 27$

(2) $x = 2$

(3) $x = 2$

(4) $x = 27$

(5) $x = 2$

(6) $x = 19$

(7) $x = 4$

(8) $x = 4$

(9) $x = 26$

(10) $x = 4$

EXERCISE NO. 31

(1) $x = 9$

(2) $x = 5$

(3) $x = 5$

(4) $x = 34$

(5) $x = 33$

(6) $x = 19$

(7) $x = 19$

(8) $x = 51$

(9) $x = 22$

(10) $x = 30$

EXERCISE NO. 32

(1) $x = 6$

(2) $x = 7$

(3) $x = 29$

(4) $x = 10$

(5) $x = 7$

(6) $x = 50$

(7) $x = 2$

(8) $x = 22$

(9) $x = 40$

(10) $x = 57$

EXERCISE NO. 33

(1) $x = 22$

(2) $x = 11$

(3) $x = 6$

(4) $x = 2$

(5) $x = 26$

(6) $x = 3$

(7) $x = 45$

(8) $x = 27$

(9) $x = 42$

(10) $x = 13$

EXERCISE NO. 34

(1) $x = 31$

(2) $x = 18$

(3) $x = 5$

(4) $x = 5$

(5) $x = 48$

(6) $x = 26$

(7) $x = 3$

(8) $x = 25$

(9) $x = 6$

(10) $x = 22$

EXERCISE NO. 35

(1) $x = 5$

(2) $x = 18$

(3) $x = 49$

(4) $x = 3$

(5) $x = 3$

(6) $x = 24$

(7) $x = 10$

(8) $x = 46$

(9) $x = 16$

(10) $x = 2$

EXERCISE NO. 36

(1) $x = 12$

(2) $x = 4$

(3) $x = 3$

(4) $x = 29$

(5) $x = 9$

(6) $x = 9$

(7) $x = 54$

(8) $x = 28$

(9) $x = 6$

(10) $x = 19$

EXERCISE NO. 37

(1) $x = 3$

(2) $x = 3$

(3) $x = 9$

(4) $x = 16$

(5) $x = 50$

(6) $x = 31$

(7) $x = 20$

(8) $x = 37$

(9) $x = 27$

(10) $x = 32$

EXERCISE NO. 38

(1) $x = 5$

(2) $x = 12$

(3) $x = 12$

(4) $x = 56$

(5) $x = 3$

(6) $x = 44$

(7) $x = 18$

(8) $x = 6$

(9) $x = 19$

(10) $x = 35$

EXERCISE NO. 39

(1) $x = 2$

(2) $x = 6$

(3) $x = 4$

(4) $x = 9$

(5) $x = 41$

(6) $x = 2$

(7) $x = 30$

(8) $x = 3$

(9) $x = 2$

(10) $x = 26$

EXERCISE NO. 40

(1) $x = 4$

(2) $x = 3$

(3) $x = 2$

(4) $x = 21$

(5) $x = 25$

(6) $x = 6$

(7) $x = 52$

(8) $x = 3$

(9) $x = 44$

(10) $x = 41$

EXERCISE NO. 41

(1) $x = 3$

(2) $x = 15$

(3) $x = 12$

(4) $x = 41$

(5) $x = 2$

(6) $x = 2$

(7) $x = 16$

(8) $x = 2$

(9) $x = 4$

(10) $x = 5$

EXERCISE NO. 42

(1) $x = 15$

(2) $x = 7$

(3) $x = 15$

(4) $x = 5$

(5) $x = 12$

(6) $x = 26$

(7) $x = 32$

(8) $x = 42$

(9) $x = 6$

(10) $x = 2$

EXERCISE NO. 43

(1)　　$x = 47$

(2)　　$x = 7$

(3)　　$x = 44$

(4)　　$x = 28$

(5)　　$x = 37$

(6)　　$x = 13$

(7)　　$x = 3$

(8)　　$x = 46$

(9)　　$x = 4$

(10)　$x = 19$

EXERCISE NO. 44

(1)　　$x = 31$

(2)　　$x = 7$

(3)　　$x = 13$

(4)　　$x = 47$

(5)　　$x = 12$

(6)　　$x = 49$

(7)　　$x = 30$

(8)　　$x = 38$

(9)　　$x = 58$

(10)　$x = 3$

EXERCISE NO. 45

(1)　　$x = 4$

(2)　　$x = 5$

(3)　　$x = 36$

(4)　　$x = 3$

(5)　　$x = 5$

(6)　　$x = 29$

(7)　　$x = 31$

(8)　　$x = 21$

(9)　　$x = 39$

(10)　$x = 14$

EXERCISE NO. 46

(1)　　$x = 31$

(2)　　$x = 2$

(3)　　$x = 25$

(4)　　$x = 5$

(5)　　$x = 20$

(6)　　$x = 2$

(7)　　$x = 31$

(8)　　$x = 2$

(9)　　$x = 23$

(10)　$x = 3$

Visit

BABY PROFESSOR
EDUCATION KIDS

www.BabyProfessorBooks.com

to download Free Baby Professor eBooks
and view our catalog of new and exciting
Children's Books

Made in the USA
San Bernardino, CA
24 January 2020